PETER BUTSCHKOW

# ÜBERLEBEN

## als OPA

LAPPAN

**„HERZLICHEN GLÜCKWUNSCH, BABY, DU HAST SOEBEN EINEN OPA GEKRIEGT!"** ...

*... müsste es ja eigentlich heißen. Im Leben eines Kindes ist der Opa nämlich das größte Geschenk. Verständlicherweise hören das die leiblichen Eltern nicht gerne, letztlich müssen sie sich aber auf der Sympathieskala geschlagen geben. Da hilft es auch nichts, wenn sie sich auf ihre Hauptverantwortung berufen und hinter vorgehaltener Hand sogar den Opa diffamieren, indem sie behaupten, er sei als Vater angeblich niemals wie ein Opa gewesen. Schlussendlich nehmen sie Vernunft an und beginnen, die Rangordnung zu akzeptieren, ja sogar mehr und mehr mit ihrem besten Opa der Welt anzugeben. Du ziehst das jetzt unbekümmert durch und genießt die Liebe deines Enkelkindes, und du wirst sehen, diese gemeinsame Zeit macht dich glücklicher als ein Royal Flush beim Pokern, als der Sieg deines Lieblingsvereins oder der Drill mit einem Riesenbarsch. Allerhöchstens ein frisch Gezapftes im sommerlichen Biergarten kann da leidlich mithalten.*

Peter Butschkow

# INHALT

WIE WIRD MAN OPA?. . . . . . . . . . . . . . . . . . . . . . 6

DER OPA-SCHOCK . . . . . . . . . . . . . . . . . . . . . . 9

EIGNUNGSTEST FÜR OPAS . . . . . . . . . . . . . . . . 14

DER BESTE FREUND. . . . . . . . . . . . . . . . . . . . . 19

KLINGELTÖNE . . . . . . . . . . . . . . . . . . . . . . . . 23

NICHT LANG PLAGEN – OPA FRAGEN! . . . . . . . . 26

ZITATE . . . . . . . . . . . . . . . . . . . . . . . . . . . . . . 32

OPA SEIN STRENGT AN. . . . . . . . . . . . . . . . . . . 37

HIER ANTWORTET OPA . . . . . . . . . . . . . . . . . . 39

ENKELKINDER. . . . . . . . . . . . . . . . . . . . . . . . . 43

UNSER OPA . . . . . . . . . . . . . . . . . . . . . . . . . . 44

DIE VERLEIHUNG DES EUR-**OPA**-POKALS . . . . . . 47

VERLEUMDER . . . . . . . . . . . . . . . . . . . . . . . . . 51

SPRÜCHE MIT SELTENEM SINN UND VERSTAND. . 58

OHA!. . . . . . . . . . . . . . . . . . . . . . . . . . . . . . . . 59

# WIE WIRD MAN OPA?

AUF DER KARRIERELEITER der Familie steht der Opa ganz oben. Und es ist wahrlich kein einfacher Weg. Die erste Stufe ist die Grundausbildung als Baby, die man in der Fachsprache auch mit „Breifressen" bezeichnet. Dann kommt die Kindheit, geprägt von Erziehung und Schulpflicht, anschließend die spannende Partnersuche, eine unerlässliche Etappe für die spätere Rolle als Opa. Hat der junge Mann die Frau seines Lebens gefunden, beginnen beide unverzüglich mit der Paarung und Fortpflanzung, also mit der zügigen Aufzucht der eigenen Kinder, um diese so rasch wie möglich zeugungsfähig zu machen und damit die elementare Voraussetzung zu schaffen, endlich die Opa-Krone zu tragen.

# DER OPA-SCHOCK

UND DANN TRIFFT ES, wie ein Pfeil, aus spitzer Freundeszunge: „Gratuliere, Opa!!!" Wie gemein die Menschen doch sein können, ganz besonders Freunde.

Ich bin Opa! Ich!!! Ein blutjunger Mann, gerade mal 42 Jahre alt und schon Opa? Passt doch gar nicht. Ich möchte meinem Enkelkind gerne ein echter Kumpel, Spielkamerad und Seelentröster – aber kein „Opa" – sein! Die Amerikaner nennen diesen Familiengrad „Grandfather". Klingt auch nicht jünger. Grändfaser. Klingt nach Grint, nach grauer Faser, riecht nach Mottenpulver. Opa klingt einfach alt, so schrecklich alt. Ich bin nicht alt, ich fühl mich nicht alt! Kein Titel wird mich zum alten Mann machen!

Der deutsche Wortschatz jedenfalls hat gepennt. Sicher passten früher Opas in Wort und Bild zusammen, der alte gemütliche Herr im Ohrensessel, mit Schnauzbart und Pfeife, Katze auf dem Schoß, Märchenbuch in der Hand. Ich sitze vorm Plasma-Fernseher und halte die Fernbedienung in der Hand, ich hasse Schnauzbärte und Katzen. Und anstelle von Märchenbüchern verfüge ich über eine gepflegte Sammlung von Fantasy-Filmen. Ich liebe sie. Jetzt also bin ich Opa. Das hat man davon, wenn man so früh Vater wird. Alle hatten mich damals gewarnt, mach das nicht, denk dran, wenn du vierzig bist, kannst du schon Opa werden. War immer ein großer Lacher.

Opa? Immer langsam, Jungs.

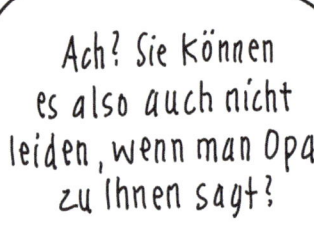

Erst mal abwarten, sehen, was aus den Kindern wird, wie sie auf das Leben reagieren. Bei meinem Sohn hätte ich es eigentlich ahnen können. Fing früh an mit den Mädchen, ganz der Papi. „Du hast Zeit, hab Geduld, die Richtige kommt irgendwann, bis dahin genieß das Leben, schau 's dir an, gibt viele Mütter mit schönen Töchtern", hab' ich oft zu ihm gesagt. „Schon klar, Dad", hat er souverän geantwortet. Das hat mich beruhigt. Aber dann verbiss er sich in diese Lucia, hübsches, kluges Mädchen, keine Frage, ich hätte es wissen müssen. Lief ja letztlich bei mir genauso. Aber man hofft ja, die Kinder machen nicht jeden Unsinn nach. Nicht, dass ich unglücklich war oder bin, aber manchmal, so in einem dieser stillen Momente, frage ich mich schon, ob es nicht ein bisschen zu früh war, sich so fest zu binden? Das Leben verläuft dann einfach anders, man denkt von diesem Augenblick an für zwei, man kann seine Entscheidungen nicht mehr einfach so locker aus der Hüfte treffen. Ich gehe mal morgen nach Amerika, will mal sehen, was da drüben so abgeht. Denkste. Die Freiheit ist vorbei. Gegenseitige Abstimmung ist angesagt.

Also, unser Sohn hat nun also auch früh geheiratet, diese Lucia, die ich sehr mag. Tolle Frau, gibt's nix. Aber, Menschenskinder, müsst ihr denn nun gleich Kinder in die Welt setzen und mich zum OPA machen?! Ohne mich zu fragen?! Wir verstehen uns doch gut, man kann doch miteinander reden. „Sag mal, Dad, wie fändest du es, wenn du Opa werden würdest?", DAS wäre fair gewesen.

„Später, mein Sohn, bitte später", hätte ich ihm geantwortet, und alles wäre prima weitergelaufen. „Klar, Dad. Recht hast du. Machen wir später." Päng! – Und nun das. Da steht er vor mir, bisschen verlegen, ich denke, was kommt denn jetzt?

„Muss dir was sagen, Dad."

„Schieß los!"

„Wir bekommen ein Baby."

„Uff! Überraschung!"

„Dad?"

„Zwillinge?!"

„Dad! Du wirst also Opa."

„Ich werde WAS?"

So ist es abgelaufen. Der Hammer, oder?

Und nun dieser Spott. Die Menschen können sich ja, wenn sie beim anderen eine wunde Stelle gefunden haben, ausgiebigst daran laben und weiden, wieder und immer wieder, wie die Werbespots im Fernsehen, immer auf denselben Punkt. „Na, graue Haare hast ja auch schon." Bitte bedient euch, hier stehe ich. Euer Opa. Richtet euch ruhig an mir auf, ihr Hohnlachenden, ihr Elenden ... Moment mal, kleinen Augenblick, bin gleich wieder da ...

„Ja, mein Mäuschen?"

„Opa? Das Bärchen ist kaputt! Es brummt nicht mehr."

„Aber, Mäuschen. Da musst du doch nicht weinen, Opa kommt sofort, mein Hasenöhrchen. Opa weiß genau, was dem Bärchen fehlt. Kleinen Moment, Opa muss nur noch einen Satz schreiben. Opa ist gleich da, ja?"

Sie verstehen, Opa muss jetzt aufhören. Hab was Wichtiges zu erledigen, Sie hören ja. Aber, schön, dass Sie mir zugehört haben. Bleibt unter uns, okay?

# EIGNUNGSTEST FÜR OPAS

Dieser vom Deutschen Opa-Bund entwickelte Test ermittelt die Qualifikation zum Opa, entbindet diesen aber damit nicht davon, seine Aufgabe nach bestem Wissen und Gewissen und mit aller verfügbaren Leidenschaft immer wieder neu wahrzunehmen. Hochqualifizierte Psychologen haben diese Prüfung auf Basis des 2005 von Fritz Fäßbuck entwickelten Opaschaftstests entwickelt. Vorgegeben ist jeweils ein Fall, der von den Testpersonen nur mit „Gefällt mir" oder „Gefällt mir nicht" bewertet werden muss. Das Ergebnis ergibt sich in bewährter Manier aus der Summe der richtigen Antworten. Toi, toi, toi – und nicht schummeln!

### FALL 1:

**Ein kleines Kind klettert im Hochseilgarten auf eine Riesentulpe und brüllt pausenlos: „Holland! Holland! Holland!" Der mit seiner Betreuung beauftragte Opa fängt das Kind mit einem Lasso ein.**

GEFÄLLT MIR      GEFÄLLT MIR NICHT

### FALL 2:

**Eine völlig überforderte Mutter zerrt ihr Kleinkind aus einem Internetcafé.**
**Am nächsten Tag liefert Amazon Kinderspielzeug im Wert von 2.589 Euro.**
**Die Mutter verweigert die Annahme.**

GEFÄLLT MIR      GEFÄLLT MIR NICHT

**FALL 3:**

Ein Opa besucht mit seinem Enkelkind eine Automobilausstellung. In einem unbeaufsichtigten Augenblick kratzt das Kind seinen Namen in einen Rolls-Royce. Der Opa lehnt jede Verantwortung ab.

GEFÄLLT MIR    GEFÄLLT MIR NICHT

**FALL 4:**

Zwei Opas spielen mit ihrem zehnjährigen Enkelkind Skat. Als es permanent gewinnt, verweisen die beiden Opas auf § 9 des Skatgesetzes, nach dem Kinder unter 16 Jahren keine Skatgewinne einstreichen dürfen.

GEFÄLLT MIR    GEFÄLLT MIR NICHT

**FALL 5:**

Ein Opa wird mit überhöhter Geschwindigkeit von der Polizei gestoppt. Das auf dem Rücksitz mitfahrende Enkelkind bewirft die Beamten daraufhin mit Pommes und wird in seiner Windel abgeführt.

GEFÄLLT MIR    GEFÄLLT MIR NICHT

**FALL 6:**

Weil er seinem Enkelkind im Garten nicht schaden wollte, ging ein Opa zum Rauchen immer in die

Wohnung. Das störte wiederum die Oma. Nun raucht der Opa auf dem Dachboden.

GEFÄLLT MIR   GEFÄLLT MIR NICHT

**FALL 7:**

Ein Enkelkind hat seinem Opa die Brille stibitzt und damit beim Kinderfasching den ersten Preis gemacht. Sein Opa fordert die Hälfte des Preisgeldes.

GEFÄLLT MIR   GEFÄLLT MIR NICHT

**FALL 8:**

Ein Opa will seine Enkelkinder mit einem Schneemann überraschen. Als es wärmer wird, stellt er ihn in den Kühlschrank. Als die Enkelkinder von der Schule nach Hause kommen, denken sie, das sei neues Speiseeis und essen den Schneemann komplett auf.

GEFÄLLT MIR   GEFÄLLT MIR NICHT

# DER BESTE FREUND

MAL UNTER UNS, also diese Eltern von heute kommen doch auf die verrücktesten Ideen. Sagte doch letztens mein Sohn, sein Sohn – also mein Enkel – sei sein bester Freund. Hä?! Den besten Freund meines Sohnes kenne ich doch, plötzlich hat er seinen Sohn als besten Freund? Da habe ich irgendwas nicht mitbekommen. Hätte mein Sohn mich vielleicht damals auch lieber als besten Freund und nicht als Vater gehabt? Hab ich grundsätzlich was falsch gemacht? Wir sind doch gar nicht auf die Idee gekommen, dass unsere Kinder auch unsere besten Freunde sein können, oder? „Oh, wie schön", hätten sie bei der Geburt sagen können, „gratuliere zur Geburt eures besten Freundes!"

Ich Dödel habe damals echt gedacht, ich bin nur sein Vater. Ein Mensch, der ihn erzieht, behütet und aufpasst, dass er rechtzeitig zur Schule geht.

Wäre er mein bester Freund gewesen, hätte er mich mit diesem Kram nicht belästigt, er hätte das selber geregelt und auch Zeit für mich gehabt. Er hätte sich abends einfühlsam meine Kümmernisse angehört und mir ein paar Ratschläge gegeben.

Wie gut hätte ich ihm erzählen können, dass seine Mutter mich manchmal zur Weißglut bringt, wenn sie beim Autofahren immer nur im vierten Gang durch die Stadt fährt oder so hysterisch schreit, wenn sie eine

Spinne sieht. Und dass sie morgens keinen Sex mag. Gut, anfangs, als er noch nicht sprechen konnte, hätte er mich wenigstens streicheln können, und wir hätten eine Runde gemeinsam genuckelt, aber Zuhören ist ja auch schon mal was wert.

Später, wenn es mal knapp war, hätte ich ihn doch fragen können, ob er mir mal kurzfristig was leiht, das hätte mir in manchen Momenten sehr geholfen.

Abgesehen davon, dass einem die hässliche Rolle des Erziehers, diese spröde Ernsthaftigkeit, erspart geblieben wäre. Mit einem besten Freund geht man doch völlig locker um, und wenn man ihm gelegentlich mal einen Tipp geben will, sagen wir mal, er pinkelt sich immer in die Hose, dann reicht doch: „Hey, Alter, pass mal 'n bisschen auf deine Blase auf!" Und gut is'. Oder er kommt mit einer Sechs in Mathe nach Hause – kein Problem. „Scheiß drauf, Alter, es kommen auch wieder bessere Zeiten" – und die Sache wäre erledigt. Aber nein, man war ganz stur einfach nur Vater.

Irgendwie habe ich dieser verlorenen Chance nachgetrauert, bis ich gestern zufällig hörte, wie mein Enkel zu seiner Mutter sagte: „Opa ist mein bester Freund." Du glaubst gar nicht, wie sehr ich mich darüber gefreut habe. Ich werde ihn mal fragen, ob er mir bei meiner Rentenberechnung hilft. Er ist doch schon in der ersten Klasse."

# KLINGELTÖNE

„ACH?! EIN HÜHNERZÜCHTER?", frage ich. Er grinst und sagt: „Alter! Was geht ab bei dir?" Damit meint er allerdings nicht mich, so gut kennen wir uns schließlich noch nicht, er meint die Person, die ihn auf seinem Handy gerade angerufen hat. Der Bus hält, und er steigt intensiv kommunizierend aus. Ein gackernder Hühnerstall als Klingelton, denke ich, das ist ja witzig und schaue ihm noch beeindruckt hinterher. Als der Bus wieder anfährt, sägt hinter mir plötzlich eine kreischende Rockgitarre in meine Ohren. „Hi …", höre ich eine tiefe Stimme sagen, „… bin grad im Bus." Ich verstehe, der Typ hat auch einen Anruf erhalten. Laute Kommunikationsgeräusche sind heutzutage in der Öffentlichkeit schließlich üblich. Als er sein Gespräch beendet hat, drehe ich mich um und frage ihn: „Iron Maiden?" und weise mich damit als Heavy-Metal-Kenner aus. „Bingo!", antwortet er leutselig. Ein Kumpel von ihm, erklärt er mir, hätte die Stimme von Bruce Willies als Klingelton auf seinem Handy: „Geh ran, du Arsch!" Das käme auch hammergut an. „Der Wahnsinn, echt cool", sage ich. Wir plaudern noch über das letzte Wacken-Festival, da durchschneidet ein rhythmisches „Ooopaaaa! Ooopaaaa! Oooopaaa! Oooop …" die Stille des Busses. Alle Leute im Bus starren mich an. „Meine Enkeltochter", sage ich verlegen, zerre mein Handy aus der Jacke, drücke auf die Gesprächsannahmetaste und brülle: „Hallo, mein Mausebäckchen! Was geht ab bei dir?"

**DIE VERANTWORTUNG** für ihre geliebten Enkelkinder nehmen die Großeltern ungeheuer ernst, wissen sie doch allzu gut um die Gefahren des Lebens. Ihre Fürsorge jedoch treibt mitunter seltsame Blüten. Opa Heinz ist da ein ganz besonderer Fall. Die Sturzfahrt seiner beiden Enkelkinder von der berüchtigten Rummelsburger Schanze (siehe Bild) lässt er einerseits zu, andererseits aber erstickt er die Kinder mit beklemmenden Warnungen. So neutralisiert er für die Kleinen ein großartiges Erlebnis und macht aus einer sportlichen Herausforderung eine banale Schlittenfahrt. Hier ist der erzieherische Effekt völlig fehlgeschlagen.

# ERFAHRUNG MACHT MÜDE

# NICHT LANG PLAGEN – OPA FRAGEN!

KINDERSPIELZEUG aus Holz oder Metall lässt sich gut reinigen, wenn man es mit farblosem Lack überstreicht. Alternativ bietet sich auch der bewährte Kunststoff an. Eine erkleckliche Auswahl findet man in abgelegenen Verkaufshangars im beliebten Gewerbegebiet jeder modernen Stadt.

DIE BELIEBTEN SEIFENBLASEN stellt man prima selber her, und zwar aus Wasser und Spülmittel. Ein wenig Glyzerin macht sie schillernder. Es ist empfehlenswert, davon gleich mehrere Eimer herzustellen. Seifenblasen pusten macht nämlich süchtig.

WENN MAL DER KAUGUMMI in der Hosentasche klebt, kein Problem. Die Hose eine Stunde in die Gefriertruhe, und schon löst er sich spielend ab. Die steif gefrorene Hose kann man danach auch gut als Boden für eine Spaß-Pizza benutzen.

GEGEN HEISERKEIT vom Herumtoben und Schreien wirkt ein gut gezuckerter, gebratener Apfel Wunder. Und danach sofort wieder wie verrückt schreien, dann gibt's gleich den nächsten leckeren Zuckerapfel.

FILZSCHREIBERFLECKE AUF TEXTILIEN werden mit Spiritus gelöst und gelöscht. Man kann aber mit dem Filzschreiber auch einen wundervollen Totenkopf auf das Bettlaken zeichnen und es als Fahne am häuslichen Mast hochziehen.

BADEKAPPEN werden über Winter weder brüchig noch kleben sie zusammen, wenn man sie vor dem Weglegen mit Glyzerin einreibt und mit Talkum bestreut. Und dann wieder aufsetzt, um damit beim Kinderfasching den ersten Preis zu machen.

WER GERNE CHICKENBURGER ISST, wird es vielleicht wissen: Junge Rebhühner haben strohgelbe Beine und dunkle Schnäbel. Alte Rebhühner erkennt man beim Einkaufen an den stahlblauen Füßen, den weißen Beinen und den weißen Schnäbeln. Alte Rebhühner spielen also beim HSV, junge bei Borussia Dortmund.

ÜBRIG GEBLIEBENE KLÖSSE lassen sich wieder gut aufwärmen, wenn man sie in kaltes Wasser legt und aufkochen lässt. Besser ist, man lässt sie kalt und benutzt sie ersatzweise für eine ordentliche Schneeballschlacht.

**K L E I S T E R** lässt sich prima aus einem Teil Weizen- oder Roggenmehl und 15 Teilen kochendem Wasser herstellen. Kleben macht Riesenspaß, man kann z. B. damit Papas Hausschuhe fest vor seinem Lieblings- sessel fixieren.

**W U N D E R B A R E S   P A U S P A P I E R** kann man aus einem Bogen einfachen Schreibpapiers herstellen, indem man es dünn mit Öl bestreicht und trocknen lässt. Und jetzt damit einen 500-Euro-Schein abpausen, bunt malen und damit tolle Sachen kaufen gehen.

**B E I M   K I N D E R G E B U R T S T A G** kann man Kartoffelpüree auf dem Servierteller zu einem Berg anhäufen und dann heiße Würstchen von außen rundum dagegenlehnen. Das sieht dann wie ein indi- anischer Wigwam aus. Nimmt man ein oder zwei Würstchen weg, sieht es wie ein Monstergebiss mit Zahnlücken aus.

**B A U M H Ä U S E R** sind bei den Baumpreisen heute ja nicht mehr zu bezahlen. Einen handelsüblichen Nistkasten für Flugechsen bekommt man hingegen bei jedem Discounter. Schnell ist er zu einer kinderwürdigen Baumbehausung umgebaut.

## VERLETZUNGEN DURCH SELBSTÜBERSCHÄTZUNG …

… beklagen in letzter Zeit Tausende von Opas, so der Präsident des Deutschen Opa-Verbandes. Grund dafür ist das Bestreben einer neuen, vitalen Opa-Generation, beim Spiel mit ihren Enkelkindern mitzuhalten, ja, sogar die Kinder zu übertrumpfen. Wohl um zu beweisen, so die These des Verbandspräsidenten, was sie noch so alles auf dem Kasten haben. Dabei stoßen sie dann oftmals auf die ganze Härte der kleinen Sportler, die fair – aber ligagemäß – stramm dagegenhalten. Opas sollten daher immer eine rote Karte in der Tasche haben, ersatzweise den versprochenen Besuch in der Eisdiele streichen.

DIE ECHTE TOLERANZ kommt erst mit
den grauen Haaren.

*Alec Guinness, englischer Schauspieler*

ES SIND IMMER DIE JUNGEN, die
sich erinnern. Die Alten vergessen alles.

*Boris Vian, französischer Schriftsteller*

SOLANGE MAN JUNG IST, gehören
alle Gedanken der Liebe – später gehört alle Liebe
den Gedanken.

*Albert Einstein, Physiker*

DIE ERINNERUNG ist das einzige Paradies,
woraus wir nicht vertrieben werden können.

*Jean Paul, deutscher Dichter*

DIE JUGEND ist etwas Wundervolles. Es ist
eine Schande, dass man sie an Kinder vergeudet.

*George Bernard Shaw, irischer Schriftsteller*

DIE ALTERSWEISHEIT gibt es nicht.
Wenn man altert, wird man nicht weise, sondern
nur vorsichtig.

*Ernest Hemingway, amerikanischer Schriftsteller*

H E U T E ist alles so anders als früher. Früher gab es noch Schamgefühle und keine digitale Unterhaltungselektronik, dafür den roten Kopf und das Transistorradio. Durch die Mikroelektronik gelang es der Industrie nun, sogar in das kleinste Handy einen Fotoapparat einzubauen. Die jungen Menschen sind nun also immer auf der Suche nach reizvollen Motiven. Der spielerische Konsum von Sex Im Internet hat bei ihnen zudem die Moral und Hemmschwelle stark sinken lassen, Obacht ist also geboten. Sonst steht plötzlich unter www.mein.opa.privat.de Opas heimische Morgentoilette weltweit zum Runterladen im Netz.

# OPA SEIN STRENGT AN

Auch Opa braucht Erholung.

Hier ein paar Momentaufnahmen von Opa im Urlaub ...

... AM MITTELMEER.

... AN DER NORDSEE.

... AN DER OSTSEE.

... AM BODENSEE.

# HIER ANTWORTET OPA

### Können Kinder auch zur Baumschule gehen?

Das kommt auf ihren Stammbaum an.

### Warum kann Schule nicht später anfangen?

Weil die Lehrer früh nach Hause wollen.

### Warum ist die Erde rund?

Weil sie eine Murmel ist.

### Warum haben Autos Nummernschilder?

Damit sie wissen, wie sie heißen.

### Was ist denn eine „Zeitung"?

Das Internet von Oma und Opa.

### Fällt man am Horizont runter?

Nur wenn man zu dicht an die Kante tritt.

### Wer schaltet bei den Sternen abends das Licht an?

Miss Universum.

### Gehen Piratenkinder denn auch in die Schule?

In die Segelschule.

### Wofür braucht man eigentlich Geld?

Weil man sonst keine Schulden machen könnte.

### Wer macht die Pupse?

Der Bauchredner.

### Warum hat Tarzan keine Hosen an?

Weil er so ungerne einkaufen geht.

### Was sind Staphylokokken?

Amerikanische Fernsehstaffeln.

WENN ENKELKINDER ERWACHSEN WERDEN

# ENKELKINDER

ENKELKINDER sind Kinder von Eltern, deren Eltern dadurch Großeltern wurden. Enkelkinder dürfen diese Bezeichnung nur führen, wenn sie nachweislich mindestens einen Opa oder eine Oma haben. Grundsätzlich also sind Enkelkinder wie ganz normale Kinder auch. Das Bewusstsein jedoch, dass sie im Hintergrund über ein alternatives Paar erfahrener Eltern verfügen, auf welches sie bei eventueller Unzufriedenheit mit den Haupteltern ausweichen können, trägt viel zu ihrer Ausgeglichenheit und Belastungsfähigkeit bei. Enkelkinder sind mit ihren Eltern toleranter und im Alltag deutlich besser gelaunt.

# UNSER OPA

W A S   W Ä R die Welt bloß ohne Kinder,
ganz ohne diese Zwerge,
das wäre so, als gäbe es
nur Flüsse ohne Berge.

Auch gibt das weise Leben
als Heger und Berater
dem Kind für seinen Lebensweg
die Mutter und den Vater.

Doch obendrauf in Schenkerlaune,
wie man das Leben kennt,
beschert es eine Lichtgestalt,
die man bei uns kurz „Opa" nennt.

Wie die Kartoffeln in der Schüssel,
gekrönt von Petersilie,
ist die Person des Opapas
das Salz in der Familie.

Wenn die Eltern nur noch stöhnen,
von den Kindern arg gestresst,
steht da der souveräne Opa,
den Enkel an sein Herz gepresst.

Opa ist ein Wundermann,
voll Geduld und Güte,
hat jederzeit ein offnes Ohr
und immer Bonbons in der Tüte.

Opa baut die größten Drachen
und Ritterburgen in den Sand,
Opa trocknet jede Träne,
hat immer eine warme Hand.

Opa ist sogar noch Anwalt
und der Enkel sein Mandant,
denn Opa hat vor langer Zeit
ein Elternteil als Kind gekannt.

So kann er Eltern Lügen strafen
für ihre fiese Nummer,
als wären sie nur brav gewesen
und machten niemals Kummer.

So ist der Opa unersetzlich
für Liebe und Verständnis,
und schließlich nimmt das Elternpaar
mit Freude das zur Kenntnis.

# DIE VERLEIHUNG DES EUR-**OPA**-POKALS

Alle Jahre wieder findet in Paris die Verleihung des EUR-OPA-Pokals statt. Opas aus aller Herren Länder messen sich in einem Wettbewerb, der den Teilnehmern alles abverlangt. Getestet wird in folgenden sieben Disziplinen:

1. BAGGERSEE BAGGERN

2. TROLLE FANGEN

3. SANDBURG VERTEIDIGEN

4. HANDY SCHNITZEN

5. ZAUBERTRANK MIXEN

6. FERRARI BASTELN

7. FRITTEN GRILLEN

Eine Jury aus ausgewählten, europäischen Euro-Opas entscheidet, wer den EUR-OPA-Pokal erhält. Die Verleihung findet eine Woche später in London in der „Royal Grandfather Hall" statt. Der Gewinner erhält eine Reise für zwei Personen und fliegt mit seinem Enkelkind mit der LUTSCHHANSA ins Taka-Tuka-Land.

GESCHENKE vermitteln oft auch eine Botschaft, erste Impulse für das spätere Leben. Junge Eltern sind noch stark von der Spielzeugindustrie beeinflusst, erfahrene Großeltern setzen da ganz andere Akzente.

# VERLEUMDER

DER NACHBAR im dritten Stock war jemand, den man heute als „Vollpfosten" bezeichnet. Ein Spießer mit Poposcheitel und einer ebenso hässlichen Frau. Ihr ganzes Glück war ein biederer, kotbrauner Opel, an dem sie jede Woche herumputzten, als galt es, den ersten Preis für das sauberste Auto Deutschlands zu gewinnen. Kinder hatten sie keine, mit Sicherheit waren ihnen die zu unsauber. Es war früher Abend, und ich saß gerade in meinem Zimmer und machte Schularbeiten, mein Vater saß mit meiner Mutter vor dem Fernseher, und mein Opa verlegte in unserem Bad neue Fliesen. Er war ein hervorragender Handwerker, deswegen bat mein Vater ihn in solchen Fällen immer um Hilfe, weil er es selbst nicht so gut konnte. Und Opa machte das gerne. Plötzlich klingelte es an unserer Wohnungstür. Mein Vater ging hin und öffnete. Vor ihm stand der Mieter aus dem dritten Stock und seine Frau – beide sichtlich geladen. Ich konnte hören, wie der Mann mit bebender Stimme fragte: „Könnten wir Sie bitte mal kurz sprechen?"

Mein Vater war ein freundlicher und harmoniebedürftiger Mann. Deswegen waren wir auch, zu meinem Leidwesen, eine beliebte Anlaufstelle für Schuldzuweisungen meckernder Nachbarn, weil er sie alle geduldig anhörte. Er mochte keinen Streit und es schon gar nicht, im Haus unangenehm aufzufallen. Er wollte, wenn er von der Arbeit nach Hause kam, einfach seine Ruhe haben und in Frieden leben. Also fragte er freundlich:

„Worum geht es bitte?"

„Ihr Sohn hat unser Auto beschädigt!"

Ich bekam in meinem Zimmer schlagartig rote Ohren und schrumpfte auf meinem Stuhl zusammen. Ich hörte meinen Vater fragen: „Ihr Auto beschädigt? Wie meinen Sie das?"

„Ihr Sohn hat eine Eisenstange über die Mauer des Hinterhofes geworfen, und die landete genau auf dem Dach unseres Autos. Wir parken unseren Wagen nämlich immer genau auf dem Nachbargrundstück dahinter. Das Dach hat jetzt eine Beule und diverse Kratzer", sagte der Mann erregt. Ich dachte: „Ach du Scheiße."

„Einen Moment mal", sagte mein Vater und rief in unheilvollem Tonfall: „Peter!!! Kommst du mal bitte her!?"

Das bedeutete nichts Gutes. Vater gab grundsätzlich immer den Erwachsenen recht. Er traute ihnen mehr als seinem Sohn – dem er offenbar einiges zutraute.

Mit weichen Knien schlurfte ich, wie auf dem Weg zum Schafott, nach draußen in die Diele und sah drei Paar zornige Augen auf mich gerichtet.

Ich stotterte: „Ääh, äh ... ich ... ich ...", als mein Opa entschlossen mit einer Fliesenzange in der Hand aus dem Bad trat.

„Wie kommen Sie dazu, meinen Enkel zu beschuldigen?", donnerte er los. Das Paar trat vor Schreck einen halben Schritt zurück und wurde ganz bleich.

„Frau Krüger im Hochparterre sagte uns, äh, sie meinte ... äh ...sie glaubte, ihren Peter auf dem Hof erkannt zu haben", stammelte der Mann.

„Die Frau Krüger ‚glaubte'?", brüllte mein Opa. „Wenn Frau Krüger ‚glaubt', dann soll sie in die Kirche

gehen! Und weil Frau Krüger ‚glaubt', kommen Sie zu uns und bezichtigen mein Enkelkind? Das ist eine üble Diffamierung!"

Opa stand wie ein mächtiger Ritter drohend in der Diele und fuchtelte mit der Zange, als wäre sie ein Schwert.

„Wir ... äh, wir haben doch nur...", faselte der Mann.

„Sie und diese Krüger verleumden meinen Enkel, schämen Sie sich nicht?", brüllte Opa, während mein Vater mit rotem Kopf daneben stand, wie bestellt und nicht abgeholt.

„Meine Güte, brüllen Sie doch nicht so, wir wollten doch nur, war doch nur eine Frage, es tut uns leid, wenn wir ...", stammelte der Mann.

„Auf Wiedersehen!", brüllte Opa und pfefferte die Wohnungstür zu.

„So macht man das, Fred", sagte er dann leise zu meinem Vater und zwinkerte ihm zu.

„Opa, ich wollte ...", begann ich zaghaft, aber er unterbrach mich: „Sag lieber nichts, mein Lieber. Aber, ehrlich gesagt, ich kann kackbraune Opel auch nicht ausstehen." Dann ging er wieder zurück ins Bad und warf mir grinsend noch eine Kusshand zu.

Ich habe meinen Opa geliebt. Ob ich die Eisenstange über die Mauer geworfen hatte? Ich glaube ... ja.

# SPRÜCHE MIT SELTENEM SINN UND VERSTAND

**Die Eltern** werden heutzutage immer älter, die Großeltern immer jünger.

---

**Opa** tut gut.

---

**Was Papa** nicht erlaubt, hat Opa längst genehmigt.

---

**Vater** ist Opa, wenn Kind Vater wird.

---

**Oma und Opa** sind pensionierte Eltern.

---

ENKELKINDER SIND HÄUFIG NEUGIERIG,
sie wollen wissen, wie ihr Opa früher war. Wie konnte er ohne iPod leben?
Wovon ernährte man sich, als es noch nicht McDonalds gab? Wie verständigte
man sich ohne Handy? Wo tanzte man ohne Discos? Und ganz besonders: Gab
es damals schon Mädchen? Wenn ja, wo traf man sie ohne Internet?
Bei der Beantwortung all dieser Fragen sollte Opa sich an das Gebot halten:
„Du sollst nicht lügen!" Seine alten Tagebücher bringen eines Tages sowieso
alles ans Licht.

# OHA!

ÜBERALL SCHIESSEN jetzt die frischgebacke-
nen Großeltern aus dem Boden, und ihr Jauchzen und
Jubilieren erfüllt das Land. Diese Töne haben natürlich
auch mich erreicht. Na, da kommt ja wohl eine traum-
hafte Lebensphase auf mich zu, dachte ich mir und
konnte mich gerade noch zusammenreißen, um meine
beiden Söhne nicht diskret, aber doch eindringlich zur
Vaterschaft zu drängen: „Euer Papa will Enkel, er erwar-
tet Unterstützung." Schließlich soll das ja die Krönung
der eigenen Vaterschaft sein. Es heißt, man kann mit
seinen Enkelkindern all das machen, was man sich als
verantwortungsgebundener Vater nicht getraut hat, das
bedeutet, man kann sie mit Spiel, Spaß und geballter
Liebe verzücken und sie anschließend, ohne schlechtes
Gewissem, in einem völlig aufgeheizten Zustand einfach
an die Eltern zurückgeben – und sich dann flugs in die
Freiheit verabschieden. Ein Traum.

Letzte Woche war nun die Nichte meiner Frau für ein
paar Tage zu Besuch bei uns. Mit zwei Kindern! Einer
dreijährigen Tochter (allerliebst) und einem einjährigen
Sohn (wonnig). Das ist die willkommene Kostprobe für
die zukünftige Opa-Rolle, dachte ich. Bekanntermaßen
löscht man über eine längere Zeit auf seiner inneren
Festplatte viele Erfahrungen seines Lebens, vielleicht,
um Platz für neue zu schaffen. Eine davon war, dass
ich völlig vergessen hatte, dass man in Gegenwart von
kleinen Kindern keinen Satz mehr aussprechen kann,

ohne von den verrücktesten Fragen unterbrochen zu werden. Dass man ständig verschüttete Getränke aufwischen muss. Dass man immer alle Knöpfe, Schalter und Steckdosen im Blick haben muss. Dass man grenzdebile Kinderbücher vorlesen muss. Dass man eine tolerante Nase für volle Windeln haben muss. Dass man von enthemmten Händchen vollgeschmierte Malblöcke bewundern muss. Dass man unbedingt immer die richtigen Zuckerprodukte im Haus haben muss. Und dass man keine schmutzigen Worte sagen kann, weil man sonst mit sofortigem Echo aus Kindermund rechnen muss.

Ich habe es nur so geduldig überstanden, weil ich mir bewusst machte, dass all das nur ein unverbindlicher Opa-Test ist und die Nichte mit ihren beiden Goldstücken bald wieder abreist. Gestern Abend haben wir die drei dann zum Bahnhof gebracht und sie Kusshand werfend verabschiedet. Nachdem der Zug außer Sichtweite war, stießen wir Schreie der Erleichterung aus und umarmten uns völlig erschöpft.

Heute Morgen lag eine bedrückende Stille über unserem Frühstückstisch. Irgendwann habe ich es nicht mehr ausgehalten und mutwillig mein Glas mit dem Orangensaft umgestoßen. Daraufhin hat meine Frau mich mit der Schale ihres Frühstückseis beworfen. Anschließend habe ich ihr ein bisschen aus der Zeitung vorgelesen. Danach fühlten wir uns beide gleich sehr viel wohler.

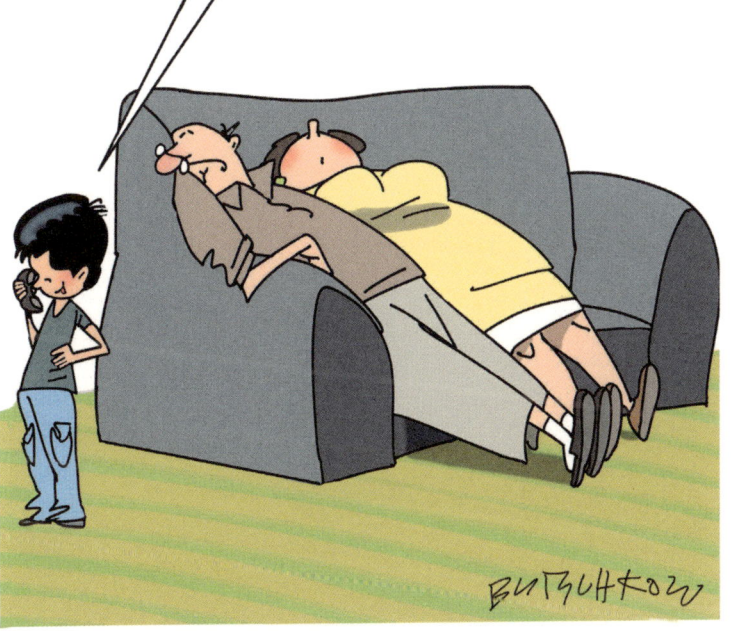

# Geschenkbücher

von PETER BUTSCHKOW

ISBN 978-3-8303-4348-6

ISBN 978-3-8303-4346-2

ISBN 978-3-8303-4345-5

ISBN 978-3-8303-4347-9

ISBN 978-3-8303-4364-6

ISBN 978-3-8303-4365-3

# LAPPANs ÜBERLEBEN Reihe
## von Peter Butschkow

ISBN 978-3-8303-4366-0

ISBN 978-3-8303-4367-7

ISBN 978-3-8303-4337-0

Der Autor: **Peter Butschkow**

Exilberliner, lebt, zeichnet und schreibt seit 1988 in einem nordfriesischem Dorf an der Nordseeküste. Vater von zwei zeugungsfähigen Söhnen, die ihn jedoch noch nicht zum Opa gemacht haben. Enkel gibts dafür im Freundeskreis genügend.

www.butschkow.de

2. Auflage 2016

© 2015 Lappan Verlag in der Carlsen Verlag GmbH, Hamburg

ISBN 978-3-8303-4367-7

Texte und Cartoons: Peter Butschkow

Herstellung und Gestaltung: Monika Swirski

Druck und Bindung: Druckerei Theiss GmbH

Printed in Austria

**www.lappan.de**